CONFÚCIO
em 90 minutos

FILÓSOFOS
em 90 minutos

. . . .

por Paul Strathern

Aristóteles em 90 Minutos
Berkeley em 90 Minutos
Bertrand Russell em 90 Minutos
Confúcio em 90 Minutos
Derrida em 90 Minutos
Descartes em 90 Minutos
Foucault em 90 Minutos
Hegel em 90 Minutos
Hume em 90 Minutos
Kant em 90 Minutos
Kierkegaard em 90 Minutos
Leibniz em 90 Minutos
Locke em 90 Minutos
Maquiavel em 90 Minutos
Marx em 90 Minutos
Nietzsche em 90 Minutos
Platão em 90 Minutos
Santo Agostinho em 90 Minutos
São Tomás de Aquino em 90 Minutos
Sartre em 90 Minutos
Schopenhauer em 90 Minutos
Sócrates em 90 Minutos
Spinoza em 90 Minutos
Wittgenstein em 90 Minutos

CONFÚCIO
(551 *a.C.* - 479 *a.C.*)
em 90 minutos

Paul Strathern

Tradução:
Cláudio Somogyi

Consultoria:
Danilo Marcondes
Professor-titular do
Deptº de Filosofia, PUC-Rio

Jorge Zahar Editor
Rio de Janeiro

Título original:
Confucius in 90 minutes

Tradução autorizada da primeira edição
norte-americana, publicada em 1998 por Ivan R. Dee,
de Chicago, Estados Unidos

rua México 31 sobreloja
20031-144 Rio de Janeiro, RJ
tel: (21) 2240-0226 / fax: (21) 2262-5123
e-mail: jze@zahar.com.br
site: www.zahar.com.br

Projeto gráfico: Ana Paula Tavares
Ilustração: Lula

CIP-Brasil. Catalogação-na-fonte
Sindicato Nacional dos Editores de Livros, RJ.

Strathern, Paul
S891c Confúcio (551-479 a.C.) em 90 minutos / Paul Strathern; tradução, Cláudio Somogyi; consultoria, Danilo Marcondes. — Rio de Janeiro: Jorge Zahar Ed., 1998

(Filósofos em 90 minutos)

Tradução de: Confucius in 90 minutes
ISBN 85-7110-452-2

1. Confucius, c.551-479 a.C.. 2. Filosofia oriental I. Título. II. Série.

CDD 181.09518
98-0429 CDU 1(510)

SUMÁRIO

. . . .

Introdução 7

Vida e obra 9

Posfácio 37

Os "Analectos" de Confúcio 47

Cronologia de datas significativas da filosofia 55

Sobre o autor 59

INTRODUÇÃO

Confúcio conhecia tudo sobre a vida, porém sabemos muito pouco a respeito da sua. Isso nos torna, por assim dizer, incapazes de fazer um julgamento claro sobre sua pessoa. Ele nos mostrou como devemos nos comportar, mas não sabemos ao certo como era o seu próprio comportamento.

Confúcio é um sério candidato ao título de "Homem mais influente da História", e por isso temos sorte de sua filosofia ter sido nebulosa e um pouco maçante. Sua coleção de chavões bem-intencionados, aforismos singulares e exóticos e anedotas quase enigmáticas combinaram-se formando uma filosofia ideal para os funcionários públicos; e esta era exatamente a intenção de Confúcio. Ao contrário de outros sábios, ele não desejava ver seus discípulos tornarem-se vagabundos pobres perambulando pelas estradas e caminhos num estado de iluminação inútil. Sua meta era fazer de seus alunos bons funcionários do governo, e neste aspecto obteve um sucesso muito além de suas expectativas. Por mais de dois mil anos seus ensinamentos determinaram as regras de conduta e foram o alimento espiritual de funcionários, diretores de escolas, ministros e administradores públicos em meio ao conformismo absurdo do império chinês. Este foi o império que transformou a seguinte frase numa praga: "Que vivam vocês em tempos interessantes." Na China de Confúcio, o tédio era uma bênção. Nada surpreendente, quando consideramos as alternativas. Quem saísse da linha, por ter cometido a menor infração que fosse, tinha sorte de terminar apenas castrado. Os tribunais de governantes tão irascíveis pareciam ser conduzidos por um bando de moleques de escola. Até a revolução comunista de 1949, o confucionismo era quase sinônimo do modo de vida chinês. O quanto restou, sob o verniz do marxismo, não se sabe. O certo é que o confucionismo continua bem vivo no âmago de toda a diáspora chinesa, de Taiwan aos bairros chineses espalhados por todo o mundo. Surpreendentemente, porém, Confúcio foi um fracasso. Ao menos era o que ele próprio pensava de si (e quem somos nós para contrariar alguém tão sábio?). Confúcio morreu frustrado, acreditando que não fora bem-sucedido na vida.

VIDA E OBRA

Confúcio é a versão latinizada de Kung-fu-tsé (que significa "o mestre Kung"). Ele viveu no século VI a.C., considerado o mais importante da evolução humana desde que o primeiro troglodita inadvertidamente incendiou a própria residência. Além de testemunhar o nascimento de Confúcio, o século VI a.C. também nos proporcionou o surgimento do taoísmo, o nascimento de Buda e o início da filosofia grega. A razão de todos esses acontecimentos intelectuais essenciais terem se dado exatamente na mesma época, em civilizações vivendo estágios de desenvolvimento inteiramente desiguais e sem nenhuma comunicação entre si, permanece um mistério. (Algumas explicações apresentadas, como a visita de espaçonaves alienígenas, uma excepcional radioatividade na superfície do Sol, distúrbio mental etc., poderiam sugerir que nosso desenvolvimento mental não progrediu muito desde aquela época.)

Confúcio nasceu no ano de 551 a.C. no estado feudal de Lu, que atualmente faz parte da costa norte da província de Chantung. Descendendo de uma longa linhagem da nobreza empobrecida, acredita-se que tinha parentesco direto com os governantes da dinastia Chang. (A mais antiga dinastia chinesa; conta a tradição que naquele tempo eram produzidos vasos cerúleos pintados com lindas flores, além de já se usarem conchas de cauri rosas como moeda corrente. Segundo a lenda, a escrita chinesa teria sido inventada naquela época para que as pessoas pudessem se comunicar com seus ancestrais através de mensagens entalhadas em carapaças de tartaruga. Naturalmente, essas "deliciosas bobagens" foram descartadas pelos historiadores sérios até que recentes descobertas arqueológicas confirmaram a existência e o estilo de vida de uma dinastia exatamente assim durante o segundo milênio antes de Cristo. Infelizmente, porém, ainda não foi descoberta nenhuma mensagem nas carapaças de tartaruga endereçada aos parentes mais distantes da família de Confúcio.)

O que sabemos é que o pai de Confúcio era um oficial militar de baixa patente e estava com setenta anos quando nasceu Confúcio. Quando Confúcio tinha três anos seu pai faleceu e ele foi criado pela mãe. (Curiosamente, quase todas as personalidades importantes que fundaram as grandes filosofias e religiões foram criadas por apenas um dos pais.)

Quase nada se sabe sobre a infância de Confúcio, além da habitual coleção de improváveis histórias que se acumulam em torno de qualquer personalidade tão enigmática (os pássaros cantavam nas árvores, o cão de estimação de um tio voltou à vida, cometas etc.). Nessa época, a velha dinastia Chou, de seiscentos anos, que implantara a civilização na China, começava a ruir. Aquele era um período feudal com cidades-estados escravas que rompiam constantemente suas alianças e estavam praticamente sempre em guerra, onde e quando bem entendessem. Os comandantes viviam como era de se esperar (massacres, miséria, orgias) e o restante da população servia apenas como massa para que seus líderes não ficassem reduzidos a atividades de menor vulto (assassinato, fome, depravação).

A miséria humana era disseminada, seguindo o tradicional padrão oriental não testemunhado desde a revolução comunista que, mesmo assim, conseguiu preservar um pouco da miséria tradicional. Essa ambientação num cotidiano de repetidos horrores foi de profunda influência no jovem Confúcio, proporcionando-lhe a obstinação e a praticidade que demonstrou em seu pensamento. Confúcio percebeu logo de imediato que se todo esse sofrimento reprimido cessasse, todo um conceito de sociedade teria de mudar. A sociedade teria de passar a funcionar em benefício de todos os seus membros, bem diferente de ser usada como mero pretexto para os excessos de seus governantes. Confúcio foi o primeiro a formular este chavão quase sempre esquecido. Somente duzentos anos mais tarde os antigos gregos começaram a discutir essa questão. Exatamente por terem *discutido o assunto*, desenvolveram rapidamente um sofisticado conceito abstrato de justiça. Confúcio não teve oportunidade de discutir tais assuntos durante seus anos de formação, por isso permaneceu como homem de pensamentos práticos. Concluiu que a idéia que se tinha de sociedade precisava mudar, mas não a sociedade em si. O governante deve governar e o administrador cumprir com suas obrigações da mesma forma como um pai deve ser pai de seu filho. A revolução que ele posteriormente ensinou foi a da atitude e do comportamento. Devemos nos esforçar para desempenhar o nosso papel da maneira mais virtuosa possível.

Confúcio, no entanto, fez declarações a esse respeito e relatou fatos que deram margem a diversas especulações de seus seguidores. Por exemplo: "Se uma teoria se difunde, é porque o céu assim o deseja." Essa falta de lógica quase coerente que caracterizou os ensinamentos de Confúcio refletiria mais tarde a grande força do confucionismo. Não se podia provar que estivesse errado, e com astúcia poderia ser usado para provar que quase tudo estava certo. O confucionismo viria dividir essa força com a Bíblia e demais textos sagrados das grandes religiões.

Confúcio casou-se aos dezoito anos e teve um filho chamado Peiu, que significa "grande carpa". (Peiu revelou-se uma decepção para seu ilustre pai e jamais se tornou o grande peixe que Confúcio desejava.) Confúcio era pobre e, para equilibrar o orçamento, teve diversos empregos, entre eles o de cocheiro e tratador de animais sagrados. Em seu tempo livre estudava história, música e liturgia, ganhando rapidamente a reputação de ser o homem mais culto de Lu. Confúcio era ambicioso. Queria um cargo administrativo elevado para que pudesse colocar suas idéias em prática. Como era de se esperar, os governantes, amantes da boa-vida, não tinham nenhum desejo de empregar um desmancha-prazeres para dirigir seus domínios, e as tentativas de Confúcio jamais foram além do estágio de candidato. (Confúcio era um jovem sério e honesto que acreditava ser possível dividir seu vasto conhecimento com o mundo: uma técnica não muito boa para candidatar-se a um emprego.) Como acontece atualmente, aquele que não consegue trabalho em sua área acaba geralmente lecionando. A província de Lu orgulhava-se em reunir um número de escolas que ensinavam a etiqueta e os rituais palacianos para candidatos a cortesão. (As aulas eram geralmente ministradas por ex-cortesãos especialistas nas intrincadas cerimônias pertinentes à corte, mas que tinham sido demitidos por alguma gafe inadvertida que também pode ter-lhes custado alguma posse íntima bem mais valiosa que o salário.) Confúcio decidiu fundar uma escola, porém com uma diferença: iria ensinar administradores políticos a governar.

Felizmente, Confúcio era dono de uma personalidade cativante e carismática: nenhuma pergunta foi feita acerca de suas qualificações e ele logo começou a atrair alunos. A escola de Confúcio parece ter sido bastante semelhante às desenvolvidas pelos filósofos da Grécia antiga nos séculos subseqüentes. A atmosfera era informal, o mestre conversava com os alunos, às vezes de pé, outras sob a sombra de uma árvore. Ocasionalmente, inspirava-se numa leitura, mas a maioria das aulas consistia em sessões de perguntas e respostas.

O mestre geralmente dava as respostas em forma de homilias. "Se guiares um exército destreinado à batalha estarás pondo-o fora." "O homem superior é comedido em palavras mas não em realizações." "Quem não corrige seus erros torna-se ainda mais errado." Tais observações devem ter sido consideradas quase tão banais há dois mil e quinhentos anos como parecem ser hoje. Entretanto, sabemos que Confúcio não admitia os tolos em suas turmas. "Se eu indicar o ângulo de um assunto e o aluno for incapaz de perceber os outros três por si mesmo, eu peço que vá embora." Não havia lugar para covardes na escola de Confúcio. Geralmente tinha à sua volta duas dúzias de alunos que variavam de príncipes a pobretões. Nem todas as palavras de Confúcio que chegaram até nós são banais; algumas são controversas, outras obscuras ou enigmáticas, mas em sua maioria profundas. ("Quem não conhece o valor das palavras jamais compreenderá os homens." "O homem realizado procura o que existe dentro de si. O homem frustrado procura o que aparece nos outros.") Diz-se que seus comentários contêm ocasionalmente a leveza do humor oriental, que parece situado numa faixa de freqüência além do alcance auditivo da maioria dos ouvidos ocidentais.

Confúcio era essencialmente um professor de moral. Era sempre sincero e desconfiava da eloqüência. Seu pecado foi ensinar a seus alunos como usar adequadamente o comportamento. Se o que desejavam era governar as pessoas, deveriam primeiro saber como governar a si mesmos. Porém o fundamento básico de seu ensinamento soa como um chavão familiar: "A virtude está em amar os homens." Este sentimento moral, o mais profundo da humanidade, foi articulado por Confúcio mais de quinhentos anos antes do nascimento de Cristo, porém sem nenhum sentido religioso. Confúcio pode ter fundado uma religião, o confucionismo; no entanto seus ensinamentos não tinham particularmente um caráter religioso, e esse enigma chinês certamente contribuiu para sua longevidade.

Existe ainda uma peculiaridade a mais nesse paradoxo. Os ensinamentos de Confúcio podem não ter tido caráter religioso, mas *ele* certamente tinha. Acreditava que o universo se orienta em direção ao bem – que é a fé em seu estágio mais elevado – sem que exista nenhuma evidência palpável que apóie tal otimismo. Confúcio exaltava o virtuoso que vivia reverenciando o céu mas considerava a maioria das práticas religiosas de seu tempo superstições absurdas. Neste e em muitos outros aspectos, Confúcio apresenta uma surpreendente semelhança com Sócrates. Realmente, alguns dos grandes orientalistas já igualaram Confúcio a um Cristo socrático. (Assim como difama três dos maiores nomes da história, essa esdrúxula comparação abriga a habitual e irritante pérola da verdade.)

Ao mesmo tempo em que Confúcio fundava sua religião não-religiosa, um compatriota seu fundava outra importante religião chinesa: o taoísmo. Curiosamente, o taoísmo é complementar ao confucionismo, vinculando uma crença mística à unidade metafísica do universo, e foi fundada pelo legendário filósofo Lao-tsé. Algum tempo depois de fundar sua escola, Confúcio fez uma viagem para conhecer o venerável e misantropo Lao-tsé. O velho sábio repreendeu Confúcio por seu orgulho e ambição. Este, por sua vez, ficou profundamente impressionado com Lao-tsé. Comparou-o a um dragão subindo aos céus, navegando no vento e nas nuvens. Este raro comentário poético de Confúcio mostrar-se-ia profético, pois foi exatamente dessa forma que Lao-tsé saiu da história. Com a idade de duzentos anos ele desapareceu num nevoeiro, em um desfiladeiro a caminho do Ocidente, onde sua chegada numa nuvem parece ter passado desapercebida.

Confúcio foi excelente professor e muitos alunos seus tornaram-se administradores de grande sucesso (muito contribuindo para a humilhação de seu idoso mestre que continuava a andar de um lado para o outro em busca de um bom trabalho sem obter êxito.) Sabiamente, os alunos de Confúcio deixavam de lado seus princípios assim que punham os pés no mundo real do governo. Defender aquelas idéias revolucionárias e humanas só lhes proporcionaria uma vaga no coro masculino da igreja. Entretanto, essa primeira geração confucionista de administradores especialmente treinados não esqueceu seu grande mestre e o que ele lhes havia ensinado. Formaram uma espécie de fraternidade maçônica e sua educação certamente influenciou a maneira como continuaram a viver e a atitude que adotavam diante do trabalho. As primeiras sementes de uma nova era de governantes esclarecidos estava dando frutos. Daí para frente, poucos continuaram acreditando seriamente que os governantes eram descendentes de ancestrais divinos, governando por decreto celeste. Compreendeu-se que o Estado podia realmente tornar-se um empreendimento cooperativista, em benefício de todos; e os novos administradores faziam o máximo que podiam para dissuadir seus senhores de se envolverem em guerras irracionais.

Entre os alunos de Confúcio havia um bom número de jovens de famílias influentes, geralmente de outras províncias. Porém, alguns membros mais curiosos da família real de Lu passaram, mais tarde, a freqüentar suas aulas. Dessa forma, Confúcio conheceu o futuro príncipe regente de Lu, Yang Hou. (Não confundir com seu famoso predecessor Yang Hoo, que se tornou objeto de escárnio depois que seu regime foi se tornando cada vez mais insignificante.) Yang Hou ficou muito impressionado com Confúcio e ao assumir o poder nomeou o filósofo, já de meia-idade, para o Ministério do Crime. Finalmente, chegara-lhe a oportunidade de colocar seus princípios em prática.

De acordo com todos os relatos, Confúcio foi muito bem-sucedido como ministro do crime, embora isso pareça contrariar frontalmente seus tão alardeados princípios. Ele exerceu uma política de terror contra os criminosos locais. "Durante o tempo em que ocupou o cargo não existia um ladrão na terra de Lu", escreve um biógrafo. Confúcio foi tão longe que chegou a aplicar a pena de morte por "invenção de roupas fora do comum". E exigia-se uma perfeição tal nas províncias que "os homens tinham de ser cautelosos para só andarem no lado direito da rua e as mulheres no lado esquerdo". Finalmente concluíram que aquilo já estava passando dos limites. Alguém tentou subornar o ministro-chefe com oitenta lindas jovens para se livrar de Confúcio. O ministro-chefe, que não usufruíra de uma educação confuciana, se viu incapaz de recusar oferta tão sedutora. Confúcio foi demitido de seu posto, os homens e mulheres de Lu voltaram a andar na mesma calçada, passaram a inovar no vestuário usando roupas pelas quais não seriam mortas, e os criminosos puderam largar seus desagradáveis empregos para se dedicarem novamente à sua verdadeira vocação.

Em reconhecimento pelos serviços prestados, Confúcio foi promovido a uma posição de prestígio ainda mais alto, com um título bastante imponente e um salário extraordinário. Confúcio, porém, descobriu rapidamente que tudo não passava de uma simples sinecura, um cargo sem nenhuma autoridade prática. Renunciou imediatamente, revoltado. O trabalho não lhe interessava sem o poder de decisão para questões de Estado importantes (como quem deveria andar em qual calçada).

Confúcio estava então com mais de cinqüenta anos de idade. Decidiu fazer uma viagem, acompanhado de alguns discípulos, numa peregrinação pela China. Todavia não se tratava de uma peregrinação no sentido espiritual convencional. Não havia nenhum destino sagrado e Confúcio não buscava a iluminação. Sua peregrinação, assim como sua filosofia, tinha intenções inteiramente seculares. Estava à cata de um emprego. E se não conseguisse um, talvez encontrasse um futuro governante de quem pudesse se tornar tutor, e assim, em algum lugar, seus princípios seriam postos em prática. Entretanto, as notícias sobre a peregrinação de Confúcio já haviam, obviamente, se espalhado. Sua jornada em busca do cálice sagrado do emprego iria perdurar por mais de dez anos. Ocasionalmente era procurado para dar conselhos, porém nenhuma oferta de trabalho permanente lhe era oferecida.

Podemos unicamente especular quais as razões para isso. Confúcio era, nessa época, considerado o homem de maior sabedoria em toda a China. Fora professor dos mais notáveis administradores do país e apesar disso contentara-se, sem queixas, com cargos menores, sem aceitar um único suborno ou jamais trair seu senhor junto a seus inimigos. (Tal excentricidade era considerada quase um acinte e certamente contribuiu para a crença posterior de que Confúcio era uma personagem puramente lendária, que na verdade nunca existiu.) Havia, obviamente, alguma coisa em Confúcio. Excesso de zelo, má vontade com o compromisso, hábitos pessoais desagradáveis ou talvez uma simples halitose da alma. Jamais saberemos exatamente o que Confúcio tinha que o impedia de se aproximar das classes governantes chinesas. Minha opinião pessoal, depois de estudar seus escritos, é que eles deviam considerá-lo um sujeito tremendamente chato.

Até as aventuras de Confúcio em sua década de andarilho parecem ter conservado esse elemento característico da chatice. Quando visitou o estado de Wei teve uma audiência particular com a irmã do governador, a célebre Nam Tsé, o que desagradou profundamente seus discípulos. A história, porém, encarregou-se de censurar pudicamente seja lá o que tanto tenha irritado seus discípulos e nem sequer ficamos sabendo o motivo que levou Nam Tsé a alcançar tanta notoriedade, além das triviais insinuações de incesto real. Na província de Sung, Confúcio ficou sabendo que alguém tencionava assassiná-lo e passou então a usar "roupas discretas". E assim prosseguiu sua prosaica peregrinação. Na província de Ch'u, onde, segundo o recente biógrafo de Confúcio, H.G. Creel, o governante se autodesignava *wang*, rei, Confúcio discutia com ele suas idéias até tarde da noite, e conseguiu finalmente convencer seu anfitrião. A virtude e a administração competente eram a chave do sucesso, e não a ambição pessoal. A cruzada de Confúcio conquistara mais uma vitória. O tédio mais uma vez vencia o barbarismo. Porém nem mesmo esse *wang* deixou de ser sovina o bastante para oferecer um emprego a Confúcio.

Confúcio contava agora com sessenta e sete anos. Seus contemporâneos, até de menos idade, já estavam aposentados e felizes, e ele ainda tentando iniciar sua carreira. Por fim, os discípulos de Confúcio que viviam em Lu decidiram que a única solução seria convidar o mestre a voltar para casa. Já era tempo para que o mais prático dos filósofos, que por toda sua vida pregara as virtudes de um dia de trabalho honesto, abandonasse de vez a idéia de que ainda seria capaz de viver de uma profissão. Sensatamente, Confúcio voltou para casa e viveu seus cinco últimos anos de vida em Lu. Foram anos melancólicos. Seu discípulo favorito, Yen Hui, faleceu e pela primeira vez na vida Confúcio foi tomado pelo desespero. "Ai de mim, não existe ninguém que me entenda", desabafou com os discípulos restantes. Passou a acreditar piamente que sua mensagem jamais atingiria as gerações posteriores. Seu filho Peiu também morreu nessa época. Ignora-se quase tudo a respeito da vida de Peiu. Sabe-se apenas que não apresentava nenhuma qualidade excepcional. No entanto, evidências posteriores apontam o contrário. No espaço de apenas alguns séculos mais de 40.000 pessoas na China reivindicaram descendência de Confúcio, o que seria indicativo de uma atividade excepcional por parte do único filho do mestre.

Confúcio passou seus últimos anos lendo, escrevendo e editando comentários sobre os clássicos chineses, o cânone dos trabalhos datando do período em que a China emergiu da Antigüidade. (Os *Lun Yu*, "Os Analectos de Confúcio", seriam acrescentados a esse cânone antes de ele ter sido entalhado em pedra, em meados do século III a.C.) Os clássicos chineses abrangem desde os sublimes *Chih* (Poemas), que incorporam material legendário com detalhes atemporais do cotidiano da vida chinesa da Antigüidade até o misterioso e mal utilizado *I Ching* (Livro das Mutações), uma intrigante mistura de fetichismo metafísico e *insight* psicológico. Um livro de caráter divinatório que, de modo semelhante à astrologia da Babilônia, que data aproximadamente desse mesmo período da adolescência humana, apresenta uma estrutura de sabedoria gnômica erguida sobre as bases mais inconsistentes. A natureza inegavelmente esotérica do *I Ching* é um estorvo para os eruditos confucionistas que insistem na forma de abordagem filosófica estritamente coerente do mestre. Apesar disso não há como negar o fato de que Confúcio dedicou grande parte de sua vida à leitura desse livro, e durante seus últimos anos em Lu escreveu um extenso comentário a seu respeito. Longe de ridicularizar o conteúdo fantástico do *I Ching*, o comentário inclui até instruções sobre como usá-lo com propósitos divinatórios, atirando pequenas varetas e lendo os padrões por elas formados. Diante disso, não seria de espantar se descobrissem que Hegel era na verdade um bailarino secreto, mas até os filósofos devem ter seus *hobbies*, e atirar varetas no ar para saber quem vencerá o páreo de Xangai das 2:30 hs. me parece algo totalmente inofensivo.

Confúcio também passou seus últimos anos transmitindo os fundamentos de sua filosofia a seus discípulos. Evidentemente, esta não era exatamente uma filosofia no sentido ocidental da palavra. Os ensinamentos de Confúcio também contêm referências às tradicionais categorias da filosofia: epistemologia, lógica, metafísica e estética; estas, porém, são apenas referências de passagem e não formam sistema algum. Os ensinamentos de Confúcio também esmiuçam o porquê, por exemplo, da preferência pelo gengibre ou do comprimento das camisolas de dormir, sem incluir contudo observações sobre culinária ou uma teoria completa sobre moda. Seja como for, a se julgar pelo período de Confúcio como ministro do crime parece muito provável que ele tivesse teorias bem definidas e bastante radicais sobre moda. Por isso, é bem possível que tenha formulado outras teorias sobre culinária e filosofia que não chegaram até nós.

O elemento-chave dos ensinamentos de Confúcio era simbolizado pelo ideograma chinês *jen*. Este sinal simbolizava uma mistura conceitual de magnanimidade, virtude e amor pela humanidade. Exprime uma idéia próxima da noção cristã de compaixão e benevolência. Diz-se também que o *jen* introduziu o zen no zen-budismo. Juntamente com o *jen*, os ensinamentos de Confúcio destacam as qualidades complementares de *te* (virtude) e *yi* (integridade). Na vida cotidiana ele enfatizava a necessidade de *li* (decoro) e a observância dos ritos tradicionais. Essa observância, no entanto, só era válida com participação ativa. A presença meramente formal apenas refletia algum mal espiritual, tanto no indivíduo quanto na comunidade. O objetivo de Confúcio era produzir Chuntzu (indivíduos superiores) que viveriam em harmonia e na virtude, livres da angústia e do sofrimento. Esses ensinamentos e a instrução espiritual seriam os preceitos da educação da classe mandarim, que administrou a China por mais de dois mil anos. Infelizmente, como todas as demais hierarquias, tornou-se obsoleta. Confúcio previra a necessidade de adaptação à mudança dos tempos. "Os únicos que jamais mudam são os sábios e os idiotas." No entanto, a advertência de Confúcio não teve grande valia. Talvez seja mesmo este o destino de todo funcionalismo público: ser dirigido por sábios e idiotas.

Finalmente, em 479 a.C., aos setenta e dois anos, Confúcio jazia em seu leito de morte. Seus discípulos cuidaram dele durante o último estágio da doença.

Suas últimas palavras foram gravadas pelo discípulo TseLu:

> A grande montanha deverá esfarelar-se,
> A viga forte se romper,
> O homem sábio deverá secar como uma planta.

Confúcio foi enterrado por seus discípulos na cidade de Ch'ufou, às margens do rio Ssu. O templo erguido neste local e a área ao redor foram preservados como sagrados. Por mais de dois mil anos o local recebeu a visita de um número infindável de peregrinos. O hiato atual certamente não passa de um lapso temporário nessa venerável tradição chinesa, estabelecida muito antes do nascimento de Sócrates e Cristo.

A julgar pelas últimas palavras de Confúcio, ele parecia ter plena consciencia de sua grandeza, porém preocupava-se com a possibilidade de sua mensagem ser esquecida com o passar do tempo. E tinha toda razão. O confucionismo pode ter sobrevivido por quase dois mil e quinhentos anos, porém sua identidade com os ensinamentos originais do próprio Confúcio fica às vezes difícil de ser detectada. (Assim como é difícil estabelecer uma ligação da Inquisição e da queima dos hereges com a mensagem do homem que proferiu o Sermão da Montanha.) No entanto, a mensagem de Confúcio não foi inteiramente deturpada por seus seguidores. Apenas duzentos anos depois de sua morte, a China viu florescer a dinastia Han, que estabeleceu a primeira grande era da cultura chinesa. Essa dinastia foi na maior parte do tempo dirigida segundo os preceitos do confucionismo, obtendo tanto êxito que prosperou por mais de quatrocentos anos, superando em longevidade a maioria dos outros impérios na China e estabelecendo um exemplo cultural que só poderia ser igualado pelas dinastias posteriores com grande esforço. No Ocidente, Confúcio seria admirado por Leibniz e seu contemporâneo racionalista Voltaire, que declarou: "Respeito Confúcio. Ele foi o primeiro homem que *não* recebeu inspiração divina."

Uma evocação vulgar dos ensinamentos de Confúcio nos dias de hoje pode ser encontrada nas artes marciais do Kung-fu, que tem esse nome inspirado no mestre (Kung-fu-tsé) mas nada tem em comum com sua filosofia. Lembranças igualmente adulteradas de Confúcio podem ser detectadas numa aberração recente, surgida no pensamento chinês, que superou os ensinamentos do mestre. O culto à personalidade do presidente Mao Tse-tung, a peregrinação da Longa Marcha e a veneração do Pequeno Livro Vermelho (contendo os "Pensamentos do Presidente Mao") possuem indiscutível semelhança com o culto edificado em torno de Confúcio (que resultou em seu retrato pendurado nas paredes de cada sala de aula do país), com sua própria marcha peregrinatória em busca de um trabalho político e com a veneração do clássico "Analectos de Confúcio". Mas tudo isso provavelmente não incomodaria muito a Confúcio. Como ele mesmo afirmava: "Eu sou diferente. Aceito a vida como ela se apresenta."

POSFÁCIO

Filosofia chinesa

Sempre se disse que o Ocidente jamais conseguiu compreender claramente a filosofia chinesa. Muitos pensadores orientais concordam que é impossível para a mente ocidental perceber sutilezas alheias a seu modo de pensar.

Quase todos os filósofos ocidentais adotaram uma abordagem parecida – geralmente levando em conta a receptividade de sua própria filosofia pela civilização ocidental. Por isso não devemos nos deixar confundir por essa insistência na incompreensão mútua. A filosofia chinesa *é* diferente da ocidental – do mesmo modo como os chineses são diferentes dos europeus. Somos porém todos sem valor, ou inúteis, *sub specie aeterni* (sob o manto da eternidade.) Todos compartilhamos a mesma condição humana – e é isso o que cada filósofo procura examinar. Portanto, a filosofia chinesa deve ter suas impropriedades aos nossos olhos do mesmo modo que a nossa tem para eles. Ambas, porém, existem em função de uma queixa idêntica: a vida.

A filosofia chinesa como é conhecida surgiu no século VI a.C. e perdura até hoje. Durante esse período desenvolveram-se as Cem Escolas, que eram tão diversas e divergentes como sugere o nome. Elas consistiam, em sua maioria, em filósofos errantes que viajavam pelos diferentes estados que mais tarde vieram a constituir a China. O filósofo estabelecia-se logo ao chegar e começava a dar conselhos filosóficos de algum tipo. Esses conselhos eram geralmentes dados à corte e em geral consistiam em vários princípios que pretendiam auxiliar o governo do estado. Inevitavelmente, esses conselhos não eram tolerados por muito tempo, e o filósofo logo se achava de volta à estrada.

As filosofias produzidas pelas Cem Escolas eram geralmente irreconhecíveis como filosofia, segundo os padrões ocidentais. Com freqüência essas filosofias eram pouco mais que uma "atitude diante da vida", elaborada com algumas palavras enérgicas ou enigmáticas. Sua filosofia verdadeira raramente era estruturada ou discutida de uma forma lógica e coerente e estava em geral mais associada a recomendações políticas ou religiosas.

O principal exemplo da primeira foi o confucionismo, e mais tarde o taoísmo. Estas logo se firmaram como as duas correntes dominantes do pensamento na filosofia chinesa. Mais tarde, seriam ambas afetadas pelo surgimento da terceira corrente principal: o budismo.

Confucionismo

Os ensinamentos de Confúcio perduram, de uma forma ou de outra, até hoje. Pelo que pudemos observar, o confucionismo é essencialmente prático.

Trata de como se deve viver, no âmbito pessoal e social. Por esse motivo seus tópicos principais são a ética e a política. Há pouca especulação quanto ao significado e à natureza última da vida. A metafísica é praticamente ausente. Esta foi uma realidade do confucionismo desde seu início, há mais de dois mil e quinhentos anos, e continua a ser uma verdade do neoconfucionismo em sua difusa forma atual.

O confucionismo mostrou que é possível conduzir a vida sem recorrer à especulação metafísica. Passados três mil anos, o pensamento ocidental, ainda relutante e muito gradualmente, parece agora estar chegando à mesma conclusão.

Taoísmo

Taoísmo tem origem na palavra chinesa "Tao", que significa "o Caminho". Todos os filósofos têm suas opiniões a respeito do Tao, mas o taoísmo que conhecemos provém dos estudos do sábio Lao-tsé e seu seguidor Chuang-Tsé. Lao-tsé viveu no século VI a.C., porém quase nada se sabe a respeito de sua vida. Diziam que era um historiador e conselheiro religioso na corte dos imperadores Chou. Segundo a lenda, teve um encontro com Confúcio e não ficou nada impressionado. Mais tarde, faria uma viagem ao Ocidente. Chegando à passagem de Hsien-Ku, o guarda impediu-o de deixar a China sem antes terminar de escrever todos os ensinamentos sobre o Tao. Esse livro recebeu o nome de *Tao-te Ching.* Lao-tsé partiu então para o Ocidente e "ninguém mais ficou sabendo dele". Muitas das Cem Escolas consideraram Lao-Tsé um sábio, santo e até uma divindade. Mesmo os confucionistas contemporâneos respeitavam-no como grande filósofo, o que é difícil de compreender, já que os ensinamentos de Lao-tsé são complementares aos de Confúcio. Na opinião de alguns, esses dois filósofos tratam de campos inteiramente diferentes da busca humana; na concepção de outros, são absolutamente contraditórios em quase todos os aspectos.

Enquanto Confúcio ensinava o "Caminho do Homem", Lao-tsé ensinava o "Caminho da Natureza". Para Lao-tsé, o Caminho era uma concepção mística e metafísica. Era a força eterna e absoluta que controla a natureza mas se situa fora da dimensão tempo-espaço. Esta é uma idéia difícil de enquadrar nos termos conceituais lógicos normalmente aceitos em discursos filosóficos por pensadores ocidentais. Todavia não é tão estranha à filosofia ocidental. O estoicismo e a filosofia defendida pelos cínicos eram igualmente atitudes voltadas para o mundo.

Segundo Lao-tsé, devíamos nos harmonizar com o Tao tentando nos igualar a ele. Devíamos esvaziar nosso eu de interesses fúteis, viver nossas vidas com simplicidade e espontaneidade, sem nunca deixarmos de ser tranqüilos.

Quando era transmitido por um professor excepcional como Lao-tsé, o taoísmo, sem dúvida, tinha grande força. No entanto, um mínimo de elaboração era necessário para que o taoísmo permanecesse viável mesmo como filosofia metafísica. Isso foi providenciado por Chuang-tsé, que nasceu cerca de duzentos anos depois de Lao-tsé. Novamente, pouco se sabe a seu respeito exceto pelo livro que escreveu e recebeu seu nome, o *Chuang-tsé*, e que atacava frontalmente o confucionismo. Dizem que se tornou um velhinho excêntrico e encantador – vestia-se com trapos e seus sapatos rotos eram enrolados em pedaços de pano. Um discípulo visitou-o logo após a morte de sua esposa e ficou desconcertado ao encontrá-lo cantando alegremente e marcando o ritmo da canção numa tigela. Chuang-tsé explicou seu comportamento dizendo que chorar e se deixar tomar pela tristeza e o luto seria manifestar uma "ignorância do destino".

Para Chuang-tsé, o Tao transforma o acaso e a natureza conflitante na unidade harmoniosa do Caminho da Natureza. Isso só acontece quando a natureza segue a Natureza, e é alcançada por nós quando também seguimos o Caminho da Natureza – ao contrário do Caminho do Homem, como recomendado por Confúcio. O Tao (ou Caminho da Natureza) é um estado transcendente onde o bem e o mal já não mais existem, e todas as coisas vivem em igualdade harmoniosa. Mas Chuang-tsé também afirmava que o Tao estava em todos os lugares, e existia em todas as coisas, até mesmo nas formigas e nos excrementos. Em seu leito de morte, proibiu seus discípulos de providenciar qualquer tipo de funeral formal, dizendo que preferia ser deixado onde estava e ser devorado por abutres que enterrado para servir de alimento aos vermes.

Budismo

O budismo chegou à China no século III d.C., oriundo da Índia. Durante o longo período de desenvolvimento longe de seu país de origem, o budismo passou por uma transformação tipicamente chinesa, muito em conseqüência de suas numerosas semelhanças com o taoísmo.

O budismo é visto pelos ocidentais mais como religião que propriamente filosofia. Todavia, basta verificar a escolástica na Idade Média para perceber como essas duas formas essencialmente diferentes de pensamento podem se combinar inextricavelmente. Visto sob este prisma, o budismo é sem dúvida uma filosofia, além de religião – com sua metafísica bastante parecida com a da escolástica (ou do taoísmo). Entretanto, ao contrário dos escolásticos, os budistas tendiam a acreditar em um fatalismo *laisser-faire*, especialmente no que se referia a dissidências. Como resultado, não levou muito tempo para o budismo dividir-se numa ampla variedade de "religiões-filosofias", todas reivindicando o nome "budismo" apesar do fato de muitas serem hostis umas às outras. (Os paralelos com a filosofia cristã ficam aqui mais uma vez evidentes – com a diferença de que, naqueles tempos difíceis, os budistas preferiam atear fogo em si próprios, em vez de uns nos outros.)

O budismo foi fundado por Sidarta Gautama, nascido no Nepal, na metade do século VI a.C. Depois de se casar aos dezesseis anos e viver uma vida principesca nos treze seguintes, abandonou tudo e partiu para a Índia, onde se tornou um asceta andarilho. Com a risco de debilitar-se devido à exagerada dedicação ao asceticismo, finalmente decidiu seguir seu caminho individual em busca da Iluminação. Segundo a lenda, ele finalmente alcançou essa Iluminação por volta do ano 528 a.C. com a idade de trinta e cinco anos, e dessa forma tornou-se Buda. Isso aconteceu enquanto meditava em posição de lótus sob uma bânia (figueira brava de Bengala, *Ficus religiosa*).

Inicialmente, o budismo deu grande ênfase à meditação, que proporcionava o isolamento e a tranqüilidade espiritual suficientes libertar seu praticante das contradições e ilusões da vida cotidiana. Estas são como nuvens que obscurecem o Sol; somente quando se dissolvem através da disciplina espiritual é que nos tornamos conscientes da verdade radiante.

O budismo chinês foi fortemente influenciado pelo taoísmo, que prevalecia na China à época em que o budismo chegou ao país. Posteriormente, o budismo exerceria sua influência sobre o progresso do confucionismo no século XI. Esse neoconfucionismo foi influenciado por temas metafísicos budistas que teriam mais provavelmente sido execrados por Confúcio, mas que parecem ter preenchido um vazio em seus ensinamentos, segundo a opinião de seus seguidores.

OS "ANALECTOS" DE CONFÚCIO

. . . .

O comentário de Confúcio sobre como ser um bom administrador, e o efeito provocado:

Chuansun Chih perguntou ao mestre:

– O que devo fazer para me tornar um homem superior e ser funcionário do governo?

– Deve respeitar as cinco qualidades mais elevadas e repelir as quatro nocivas.

– Quais são essas cinco qualidades elevadas?

– O homem superior é gentil sem aceitar subornos. Ele trabalha ao lado do povo sem dar motivos para ressentimento. Ele tem ambições mas não é avarento. Ele tem dignidade mas sem o orgulho indevido. Ele inspira respeito mas não é cruel.

– Em que, exatamente, podem ser aplicadas essas qualidades?

– Trabalhar para o bem-estar do povo não é ser generoso sem aceitar suborno? Se você desse o trabalho certo para a pessoa certa, alguém ficaria ressentido? Se um homem, através do desejo de preencher sua existência, alcança tudo aquilo de que é capaz, como poderá ser ele ganancioso? O homem superior sempre cumpre suas tarefas independente de sua dificuldade ou tamanho e assim nunca é indolente. Isto certamente é dignidade sem orgulho. O homem superior cuida de sua aparência. Ele usa suas roupas e chapéu de maneira apropriada e trata os outros com respeito. E graças à sua conduta sóbria, as pessoas têm grande consideração por ele. Nesse aspecto ele inspira respeito sem ser cruel.

– E quais são as quatro nocivas?

– Condenar um homem à morte porque ele falhou em sua tarefa sem ter recebido instruções corretas. Isso é crueldade. Esperar que um homem faça alguma coisa sem ser devidamente avisado. Isso é um desmando. Insistir que um homem se apresse para terminar seu trabalho quando recebeu instruções para realizá-lo meticulosamente. Isso é danoso. Prometer uma recompensa e depois concedê-la de má vontade. Isso é mesquinharia.

Outras dicas para um bom governo:

- Quando um superior é bom caráter, seus subordinados executam suas tarefas sem que precisem sequer receber ordens. Se for mau caráter, nem o trabalho realizarão quando as ordens forem dadas.

- Se ao menos algum governador me empregasse, teria minha vida resolvida em um mês. E em três anos teria todo o estado funcionando em plena paz.

Sobre governo, o mestre disse a Chung Yu:

- Apenas peça aos outros que primeiro façam o que você lhes ensinou.

Confúcio ressalta a necessidade do estudo e tece comentários sobre a atitude que geralmente adotamos:

- Estude como se jamais fosse aprender, como se tivesse medo de perder o que deseja aprender.

- É difícil encontrar um homem que queira estudar por três anos sem pensar em um emprego no final.

Alguns comentários profundos do mestre:

- Não suspeite de fraude e tapeação e ao mesmo tempo nunca deixe de estar alerta contra elas. Isso é necessário para quem deseja chegar ao topo.

- Aquele que é forte na bravura mas se queixa de sua pobreza causará problemas.

- Algumas pessoas podem ser persuadidas a fazer coisas que não são capazes de compreender.

Alguns comentários não tão profundos do mestre:

• Quando chega o inverno, podemos perceber que os pinheiros e os abetos são os últimos a murchar.

Ao pedirem mais conselhos sobre o governo, o mestre respondeu:

– Jamais se deixem abater.

O mestre comentou a respeito de Kung-tzu-ching, de Wei:

– Ele sabe como apreciar as coisas. Quando obteve sucesso pela primeira vez, disse: "Assim está absolutamente certo." Depois que ficou um pouco mais famoso, disse: "Assim é absolutamente suficiente." E depois que atingiu um sucesso estrondoso, disse: "Assim é absolutamente perfeito."

A descrição de Confúcio sobre si mesmo e o julgamento que fazia de sua grande reputação:

– Aos quinze anos, só estava interessado em estudar; aos trinta, comecei minha vida; aos quarenta era presunçoso; aos cinqüenta compreendi meu lugar no vasto esquema das coisas; aos sessenta, aprendi a desistir de discutir; e agora, aos setenta, posso fazer o que bem entender sem acabar com minha vida.

Um funcionário da corte perguntou a Confúcio se o senhor Chao respeitava sempre os ritos e observâncias, e ele respondeu que sim.

Quando Confúcio se retirou, o funcionário disse:

– Tinham-me dito que o grande mestre Confúcio era um homem sábio, mas posso ver que não é. O senhor Chao violou as observâncias tomando para esposa alguém da própria família, e escondeu o fato dando a ela outro nome.

Quando Confúcio ficou sabendo disso, respondeu:

– Quando cometo um erro, pode estar certo de que todos ficarão sabendo.

O mais detalhado comentário de Confúcio revelando sua última teoria da moda:

– O homem superior não deve usar colarinho em tons de vermelho. As roupas para usar em casa não devem ser vermelhas ou violeta. No verão ele deve usar em casa uma túnica simples de juta. Sempre que sair de casa deve usar uma bata. No inverno pode vestir um roupão preto sobre um traje de lã. Se usar uma túnica sem tingimento, as roupas de baixo devem ser revestidas com pele de veado. Ao usar a túnica amarela, as roupas de baixo devem ser revestidas com pele de raposa. Quando em casa, deve usar outra túnica espessa e maior por cima da que utiliza para ocasiões cerimoniosas. Esta deve ter uma manga direita curta para que possa usar o braço. Para dormir deve sempre usar uma camisola que seja a metade de seu tamanho.

Em casa, suas túnicas devem ser forradas com pele de raposa ou texugo. Deve sempre usar todos os seus emblemas de patentes pendurados no cinturão, exceto em funerais. As roupas devem sempre ser bem talhadas, exceto em ocasiões de sacrifícios. Ao visitar alguém de luto nunca deve usar uma túnica costurada com lã nem chapéu preto. No primeiro dia do mês deve visitar seu príncipe em trajes formais. Quando estiver jejuando, deverá o tempo todo usar roupas limpas de juta.

Alguns estudiosos consideraram este comentário tão detalhado que constitui, de fato, uma genuína teoria da moda. Minha opinião pessoal é que este não é o caso, em virtude da ausência de princípios abstratos e certas contradições inerentes que permanecem sem solução. O quê, por exemplo, deveria usar o homem superior se estivesse presenciando um sacrifício em companhia de seu príncipe no primeiro dia do mês?

CRONOLOGIA DE DATAS SIGNIFICATIVAS DA FILOSOFIA

. . . .

séc. VI a.C.	Surgimento do taoísmo na China, com Lao-tsé. Nascimento de Buda. Início da filosofia ocidental com Tales de Mileto.
551 a.C.	Nascimento de Confúcio.
fim do séc. VI a.C.	Morte de Pitágoras.
479 a.C.	Morte de Confúcio.
399 a.C.	Sócrates condenado à morte em Atenas.
c.387 a.C.	Platão funda a Academia em Atenas, a primeira universidade.
335 a.C.	Aristóteles funda o Liceu em Atenas, escola rival da Academia.

324 d.C.	O imperador Constantino muda a capital do Império Romano para Bizâncio.
400 d.C.	Santo Agostinho escreve as *Confissões*. A filosofia é absorvida pela teologia cristã.
410 d.C.	Roma é saqueada pelos visigodos.
529 d.C.	O fechamento da Academia em Atenas, pelo imperador Justiniano, marca o fim da era greco-romana e o início da Idade das Trevas.
meados do séc. XIII	Tomás de Aquino escreve seus comentários sobre Aristóteles. Era da escolástica.
1453	Queda de Bizâncio para os turcos, fim do Império Bizantino.
1492	Colombo chega à América. Renascimento em Florença e renovação do interesse pela aprendizagem do grego.
1543	Copérnico publica *De revolutionibus orbium caelestium* (*Sobre as revoluções dos orbes celestes*), provando matematicamente que a Terra gira em torno do Sol.

1633 Galileu é forçado pela Igreja a abjurar a teoria heliocêntrica do universo.

1641 Descartes publica as *Meditações*, início da filosofia moderna.

1677 A morte de Spinoza permite a publicação da *Ética*.

1687 Newton publica os *Principia*, introduzindo o conceito de gravidade.

1689 Locke publica o *Ensaio sobre o entendimento humano*. Início do empirismo.

1710 Berkeley publica os *Princípios do conhecimento humano*, levando o empirismo a novos extremos.

1716 Morte de Leibniz.

1739-40 Hume publica o *Tratado sobre a natureza humana*, conduzindo o empirismo a seus limites lógicos.

1781 Kant, despertado de seu "sono dogmático" por Hume, publica a *Crítica da razão pura*. Início da grande era da metafísica alemã.

1807 Hegel publica *A fenomenologia do espírito*: apogeu da metafísica alemã.

1818	Schopenhauer publica *O mundo como vontade e representação*, introduzindo a filosofia indiana na metafísica alemã.
1889	Nietzsche, após declarar que "Deus está morto", sucumbe à loucura em Turim.
1921	Wittgenstein publica o *Tractatus logico-philosophicus*, advogando a "solução final" para os problemas da filosofia.
década de 1920	O Círculo de Viena apresenta o positivismo lógico.
1927	Heidegger publica *Sein und Zeit* (*Ser e tempo*), anunciando a ruptura entre a filosofia analítica e a continental.
1943	Sartre publica *L'être et le néant* (*O ser e o nada*), avançando no pensamento de Heidegger e instigando o surgimento do existencialismo.
1953	Publicação póstuma de *Investigações filosóficas*, de Wittgenstein. Auge da análise lingüística.

SOBRE O AUTOR

. . . .

PAUL STRATHERN foi professor universitário de filosofia e matemática na Kingston University e é autor das séries "Filósofos em 90 minutos", traduzida em mais de oito países, e a mais recente "Cientistas em 90 minutos". Escreveu cinco romances (entre eles *A Season in Abyssinia*, ganhador do Prêmio Somerset Maugham), além de biografias e livros de história e de viagens. Foi também jornalista *freelance*, colaborando para o *Observer*, o *Daily Telegraph* e o *Irish Times*. Tem uma filha e mora em Londres.

CIENTISTAS
em 90 minutos

. . . .

por Paul Strathern

Arquimedes e a alavanca em 90 minutos
Bohr e a teoria quântica em 90 minutos
Crick, Watson e o DNA em 90 minutos
Curie e a radioatividade em 90 minutos
Darwin e a evolução em 90 minutos
Einstein e a relatividade em 90 minutos
Galileu e o sistema solar em 90 minutos
Hawking e os buracos negros em 90 minutos
Newton e a gravidade em 90 minutos
Oppenheimer e a bomba atômica em 90 minutos
Pitágoras e seu teorema em 90 minutos
Turing e o computador em 90 minutos

Este livro foi composto pela
TopTextos Edições Gráficas,
em Agaramond Regular,
e impresso por Cromosete
Gráfica e Editora.